curio?idad por

MINECRAF

POR RACHEL GRACK

AMICUS

¿Qué te causa

curiosidad?

CAPÍTULO TRES

3

Apuesto a que no sabías ...

PÁGINA

18

Curiosidad por es una publicación de Amicus
P.O. Box 227, Mankato, MN 56002
www.amicuspublishing.us

Editora: Alissa Thielges
Diseñadora: Kathleen Petelinsek
Investigación fotográfica: Omay Ayres

Información del catálogo de publicaciones
de la biblioteca del congreso
Names: Koestler-Grack, Rachel A., 1973- author.
Title: Curiosidad por Minecraft / por Rachel Grack.
Other titles: Curious about Minecraft. Spanish
Description: Mankato, MN: Amicus, [2024] | Series:
Curiosidad por las marcas favoritas | Includes index. |
Audience: Ages 6–9 | Audience: Grades 2–3 | Summary:
"Kid-friendly questions give elementary readers an inside
look at Minecraft to spark their curiosity about the brand's
history, game play, and cultural impact. Translated into
North American Spanish"—Provided by publisher.
Identifiers: LCCN 2022048064 (print) | LCCN 2022048065
(ebook) | ISBN 9781645495932 (library binding) |
ISBN 9781681529608 (paperback) |
ISBN 9781645496236 (ebook)
Subjects: LCSH: Minecraft (Game)—Juvenile literature.
Classification: LCC GV1469.35.M535 K6418
2024 (print) | LCC GV1469.35.M535 (ebook)
| DDC 794.8—dc23/eng/20221007
LC record available at https://lccn.loc.gov/2022048064
LC ebook record available at https://lccn.loc.gov/2022048065

Créditos de las imágenes © Alamy/Imaginechina Limited
20–21, Magnus Hjalmarson Neideman/SvD/TT 7, Spencer
Whalen 17 (t), veryan dale 10–11; Dreamstime/Mykhailo
Polenok 17 (b), Rokas Tenys 4–5; Kathleen Petelinsek 22 and
23 (icons); MinecraftWiki/Glitchunpatched 13 (zombie),
Pneuma01 13 (skelly), Deshman 11 (cart), Glitchunpatched 11
(table), IGN 12 (dragon), Jackcommon948 8, Minecraftrender
12 (Creeper); Shutterstock/gersamina donnichi 11 (sword,
bow, pickax), 13 (pig), mkfilm 9 (bkgd), photo_gonzo 6,
Spok83 14–15, Tina Varezhkina 13 (enderman), 13 (spider),
urbanbuzz 9 (game); Wikimedia Commons/Kevin Jarrett 18–19

Impreso en China

¿Qué es Minecraft?

Los jugadores
simplemente
construyen, minan
y exploran en
Minecraft.

¡Es la **marca** de videojuegos más popular! Los jugadores apilan, rompen o «minan» bloques en mundos **3D**. El único propósito es jugar. A veces, los jugadores luchan contra enemigos para **sobrevivir**.

¿Quién inventó *Minecraft?*

Los juegos libres (o sandbox) permiten que los niños sean creativos.

Un **programador** de videojuegos de Suecia. A Markus Persson sus amigos lo conocían como «Notch». En 2009, él les mostró una idea para un **juego sandbox**. ¡Quedaron enganchados! Este se convirtió en el primer *Minecraft*. Notch trabajó dos años más para terminar el juego.

Notch ganó muchos premios por *Minecraft*.

¿SABÍAS?
El primer *Minecraft* ¡se creó en seis días!

¿Quién es el dueño de *Minecraft* ahora?

En 2014, Notch le vendió *Minecraft* a Microsoft. Antes de eso, el dueño era Mojang. Esta era la compañía de videojuegos de Notch. Muchas personas se preocuparon de que *Minecraft* cambiara después de la venta. Pero lo único que hizo fue mejorar. Actualmente, *Minecraft* es el videojuego con más ventas en el mundo.

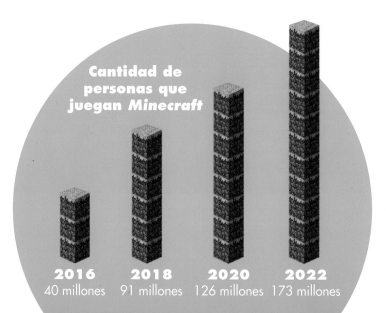

Cantidad de personas que juegan *Minecraft*

2016	2018	2020	2022
40 millones	91 millones	126 millones	173 millones

Xbox es tan solo una de las plataformas donde puedes jugar *Minecraft*.

¿Qué modo de juego debo elegir?

En el modo super-vivencia los jugadores construyen granjas.

Los **modos** cambian la forma de jugar. *Creativo* es perfecto para principiantes. Te da todo lo que necesitas para empezar a construir. *Supervivencia* requiere más trabajo. Los jugadores deben conseguir **recursos**, construir cosas y pelear contra los **mobs**. Además, tu personaje necesita mantenerse saludable. Ambos modos te permiten jugar libremente.

Artículos útiles

espada

arco

pico

carro de mina

mesa de construcción

¿Qué son los mobs?

Son los animales y los monstruos de *Minecraft*. Hay tres tipos. Un mob pasivo es pacífico y huye cuando lo lastiman. Un mob hostil persigue a los jugadores. Un mob neutral solo pelea cuando lo hacen enojar. Los Creepers son los mob hostiles más famosos. El Ender Dragon es el más grande.

Comparación de tamaños

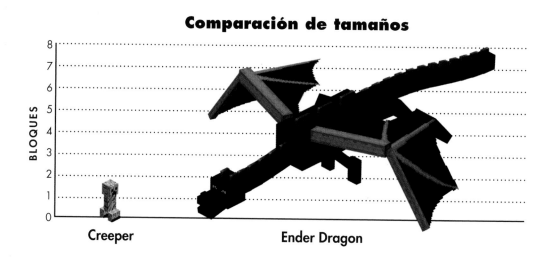

BLOQUES

8
7
6
5
4
3
2
1
0

Creeper   Ender Dragon

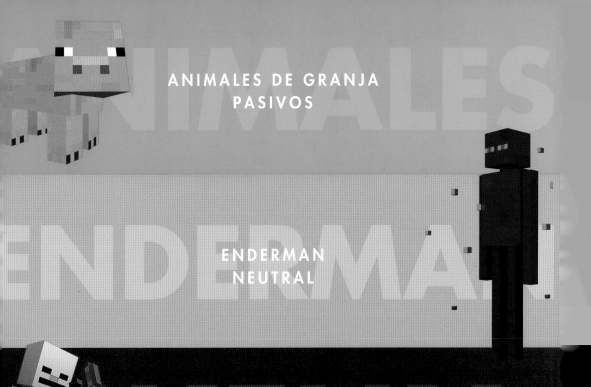

ANIMALES DE GRANJA
PASIVOS

ENDERMAN
NEUTRAL

SKELLY/ESQUELETO
HOSTIL

ARAÑA
HOSTIL DE NOCHE—
NEUTRAL DURANTE
EL DÍA

ZOMBI
HOSTIL

¿Quién es Steve?

¡Tú podrías ser él! Steve es uno de los dos personajes con los que puedes jugar en *Minecraft*. El otro es una niña pelirroja que se llama Alex. ¿Quieres verte como alguien diferente? Prueba una **piel** diferente. Hay muchas para elegir. Algunas se ven como superhéroes o personajes de películas. También pueden tener movimientos especiales.

¿SABÍAS?

Los zombis de Minecraft están vestidos igual que Steve.

La marca *Minecraft* incluye juguetes como sets de LEGO.

¿Qué hago si necesito ayuda para jugar?

Busca a un **YouTuber** dedicado al Minecraft. Miles de YouTubers hacen videos sobre *Minecraft*. De hecho, es el juego más visto en YouTube. Hay tantas formas de jugar. Cada YouTuber tiene ideas, consejos y trucos diferentes.

DINOBOY

▼

¡Algunos YouTubers son niños! Se graban mientras juegan.

13:35 🔒 m.youtube.com/user/vegetta7

VEGETTA777

VEGETTA777
SUBSCRIBE 28M

HOME   VIDEOS   PLAYLISTS

¿Puedo jugar *Minecraft* en la escuela?

Minecraft se ha usado para enseñar ciencias, historia y artes del lenguaje.

¡Sí! Si tu maestra te da permiso, por supuesto. Hay un juego de *Minecraft* solo para escuelas. Todos los de la clase pueden jugar juntos. El juego les enseña a los alumnos a resolver problemas. Los niños trabajan en equipo. Aprenden sobre planeamiento urbano y el **medio ambiente**.

¿Podría usar *Minecraft* para construir cosas reales?

Estos edificios en el sur de China se ven como algo que podrías construir en *Minecraft*.

¡Quizás! Mojang creó Block by Block para hacer justamente eso. El grupo usa los diseños de *Minecraft* para construir espacios públicos reales. Niños de todas partes del mundo planean parques en sus propios vecindarios. Ellos ven cómo sus ideas de *Minecraft* cambian la vida de las personas. ¿Qué mundo *puedes* imaginar?

HAZ MÁS PREGUNTAS

¿Qué es un Campeonato Minecraft?

¿Cuántas pieles de personajes existen?

Prueba con una PREGUNTA GRANDE: ¿Es difícil hacer un videojuego?

BUSCA LAS RESPUESTAS

Busca en el catálogo de la biblioteca o en Internet.
Pueden ayudarte tus padres, un bibliotecario o un maestro.

Usar palabras clave
Busca la lupa.

$\mathcal{Q}$

Las palabras clave son las palabras más importantes de tu pregunta.

?

Si quieres saber sobre:

- un torneo de *Minecraft*, escribe: CAMPEONATO MINECRAFT

- tipos de pieles de personajes, escribe: PIELES DE MINECRAFT

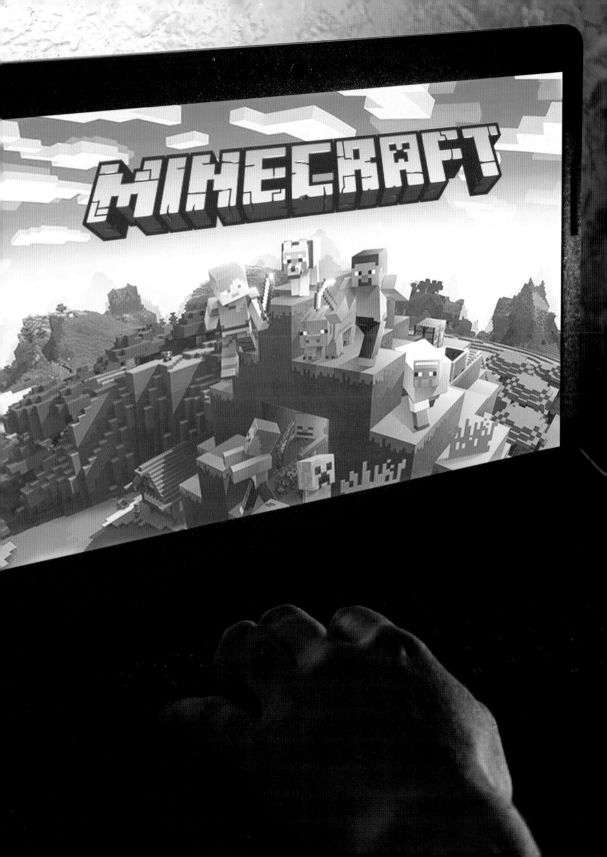

GLOSARIO

3D Algo que parece tener volumen completo; no plano.

juego sandbox Un videojuego que carece de argumento o meta.

marca Un grupo de productos hechos por una misma compañía o que le pertenecen.

medio ambiente El entorno natural de un lugar.

mob Un personaje de Minecraft que está en movimiento; es la abreviatura de «entidad móvil».

modo Una configuración de juego.

piel Imagen que cambia cómo se ve un personaje.

programador Alguien que escribe programas de computadora o videojuegos.

recurso Comida, madera u otros bienes que pueden usarse para fabricar cosas.

sobrevivir Mantenerse con vida.

YouTuber Persona que crea y comparte videos en YouTube.

ÍNDICE

Acerca de la autora

Rachel Grack es editora y escritora de libros para niños desde 1999. Vive en un pequeño rancho en el sur de Arizona. Como para todo amante de las historias, Disney siempre fue muy importante para ella. También disfruta ver cómo sus nietos juegan juegos de Pokémon en su consola Nintendo 64.